Leonhard Reinirkens

Aus lauter Lust und Liebe

Knoblauch

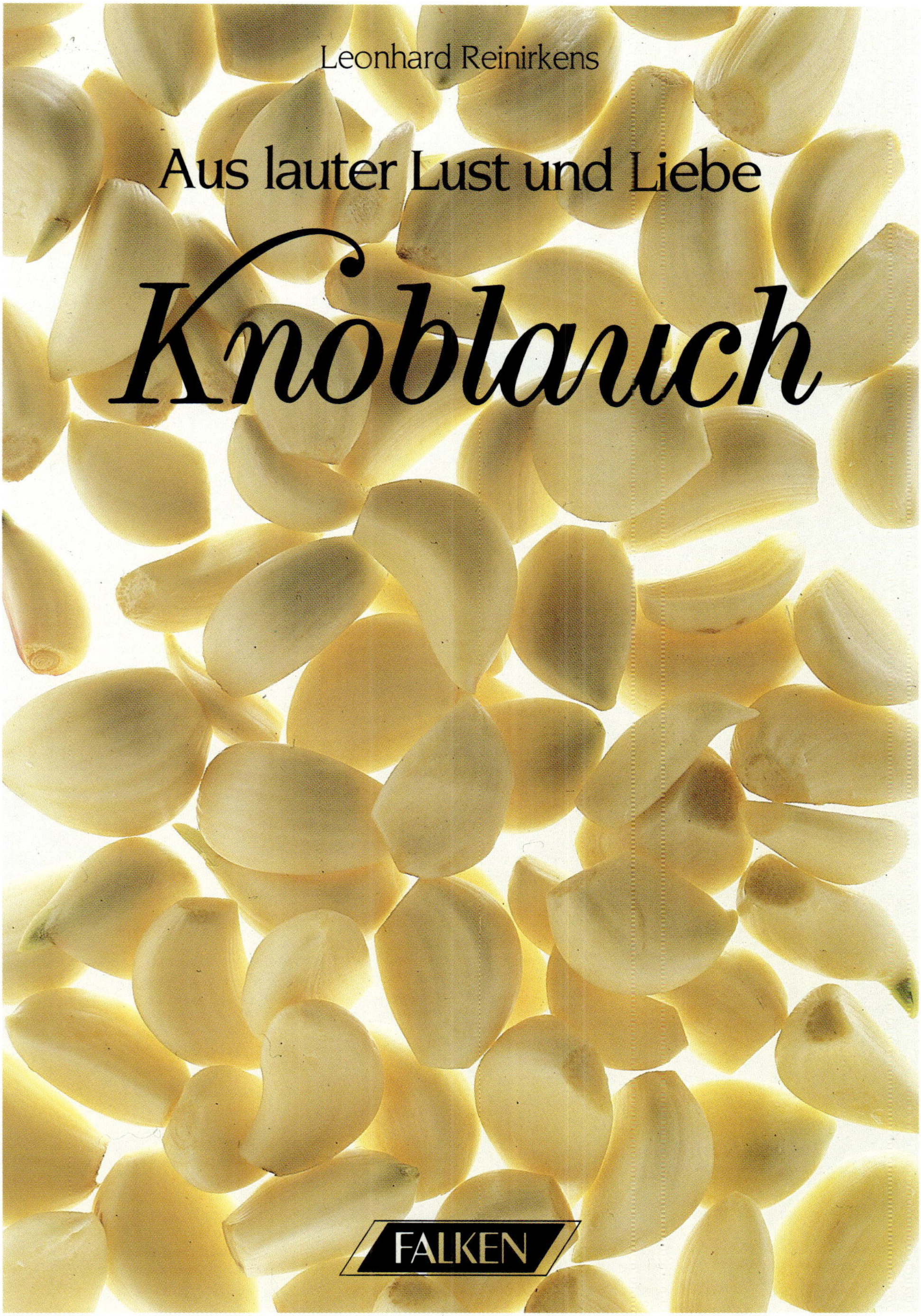

FALKEN

Ein Wort zuvor

Es ist nur selbstverständlich, daß in einem Knoblauchkochbuch keine Rücksicht genommen wird auf die „Knoblauchscheuen". Hier wird in die Vollen gegriffen und das Höchstmaß an Knoblauch den Speisen zugesetzt. Auch fehlen all jene Rezepte, die nur von „einer Spur Knoblauch" sprechen, von „einer Zehe Knoblauch" oder davon, daß man vor dem Anrichten „die Schüssel mit Knoblauch ausreiben" darf.

In diesem Buch also finden Sie ausgesprochene Knoblauchgerichte.

Auf Vollständigkeit wird aber kein Knoblauchbuchschreiber Anspruch erheben dürfen, denn es gibt so viele knoblauchbesessene Nationen und Völkerschaften, daß alle irdische Knoblauchleidenschaft zusammengefaßt viele dicke Wälzer füllen würde.

Auch sind jene Rezepte weggelassen, die allzu extravagant erscheinen, oder deren Ingredienzen schwer zu bekommen sind.

Im großen und ganzen sind die Rezepte einfach, denn die Knoblauchküche ist die Küche des einfachen Volkes, dem immer schon Gesundheit und Leistungsfähigkeit mehr bedeutet haben als der Wohlgeruch der Vornehmheit.

So sind denn diese Rezepte von mir und meinen Freunden nicht in Luxusrestaurants gesammelt worden, sondern in schlichten Garküchen ländlicher Kneipen oder an irgendeinem häuslichen Herd; und sie tragen oft nur den Namen der Landschaft, der Stadt oder der Insel, wo der Sammler ihnen begegnete.

INHALT

KNOBLAUCH AUF DEM VORMARSCH

Die Schar der Knoblauchfans steigt und heutzutage kommt kaum jemand ohne diese tolle Knolle aus. Einen der Gründe hat 1050 schon Normannenherzog Robert Guiscard – und Guiscard heißt Schlaukopf – erkannt: „Ertrage den Knoblauch, auch wenn er schlechten Atem hinterläßt, denn er hat die Kraft, vom Tode zu erretten.“

Knoblauch, das Lebenselixier

In allen Zonen und Zeiten hat der Knoblauch Namen bekommen, die ihn auszeichnen: „Wunderzwiebel" und „Allheilmedizin", auch „Liebeskraftverleiher" und „Segen der Armen".

Marcel Boulestin, der berühmte französische Koch, hat gesagt: „Es ist keine Übertreibung, wenn ich behaupte, daß Glück und Gesundheit da zu Hause sind, wo der Knoblauch in der Küche verwendet wird."

Ob diejenigen Arbeiter, die in Ägypten die Pyramiden bauten, besonders glücklich waren, kann man bezweifeln, sicher ist jedoch, daß sie zu ihrer Nahrung eine Unmenge Knoblauch bekamen, um sie gesund zu erhalten. Und der erste belegte Streik der Weltgeschichte wurde von diesen Pyramidenarbeitern ausgerufen, als die Lieferungen der gesunden Knolle einmal ausblieben.

Im Römischen Weltreich gehörte der Knoblauch zur Militärverpflegung, damit die Soldaten gesund blieben; denn schon die großen Ärzte der Antike hatten erkannt, daß Knoblauch, neben vielen anderen Heilwirkungen, Infektionen verhindert.

Beobachtungen in der Neuzeit haben das bestätigt. Als zu Anfang des 19. Jahrhunderts in London eine sehr gefährliche Fieberepidemie herrschte, wunderte man sich, daß die vielen damals dort lebenden französischen Priester, die die Kranken besuchten, nicht angesteckt wurden, während es unter den englischen Geistlichen eine hohe Todesrate gab; man fand als einzigen Unterschied und damit wahrscheinlichen Grund für die Widerstandsfähigkeit der Franzosen die Tatsache, daß sie Knoblauch aßen.

In Rußland, wo man keine Knoblauchscheu kennt, wird der wirksame Inhaltsstoff der Knoblauchzwiebel, das Allicin, pharmazeutisch hergestellt und an Stelle von Penicillin verwendet. Das „russische Penicillin" hat zwar nur etwa ein Prozent der Wirkung des eigentlichen Antibiotikums, aber dafür schädigt der Knoblauchextrakt die körpereigenen und körpernotwendigen Bakterien nicht.

Jeder wird sich noch an die Werbung für Knoblauchpillen in unseren Apothekenschaufenstern erinnern, wo

das Figürchen des steinalten Bulgaren Strogoff an seiner Reckstange turnte! Ganz unleugbar ist es, daß Altersrekorde nur bei den Völkern vorkommen, deren täglicher Speisezettel Knoblauch enthält. Das hat seinen Grund: Knoblauch regt die Verdauung und den Stoffwechsel an und beschleunigt damit die Ausscheidung giftiger Stoffe. Außerdem werden der Blutkreislauf, der Cholesterin- und Glukosespiegel im Blut, der Blutdruck und die Sauerstoffversorgung der Organe, vor allem des Herzens, günstig beeinflußt und er wirkt der Arteriosklerose, der Verkalkung, entgegen.

Es ist keine Schwärmerei von Naturheilaposteln, sondern eine statistisch gesicherte Beobachtung, daß bei den knoblauchessenden Völkern Herzkrankheiten, Alterserscheinungen, sogar Krebs, seltener auftreten als anderswo. Im alten Rom wurde das Fest der Fruchtbarkeitsgöttin mit Knoblauch begangen. Ansonsten aß nur das arme Volk die „duftende Zwiebel". Die Reichen mischten sich nur dann Knoblauch mit Koriander, wenn sie sich in der Liebe bewähren wollten.

Wegen dieser Wirkung haben asketische Religionen den Knoblauch verboten: „Seine Kräfte sind heiß und liebeweckend und bringen den Frommen ab vom rechten Wege", hieß ein Lehrsatz brahmanischer Priester in Indien. Und den buddhistischen Mönchen war Knoblauch ebenso wie Zwiebeln, Lauch und Ingwer aus demselben Grund verboten. Das heißt natürlich nicht, daß Knoblauch beim einfachen Volk nicht benutzt worden wäre. Marco Polo, der erste Chinareisende des Abendlandes, berichtete, daß man dort das Fleisch mit Knoblauchsaft haltbar mache, ein weiterer Beweis für die antibakterielle Wirkung.

Die Buchminiatur Seite 6 entstammt dem Hausbuch der Cerruti aus dem 14. Jahrhundert. Der kolorierte Kupferstich links ist von 1788.

Knoblauch, die „stinkende Rose“

„Lovers of the stinking rose“ nennen sich amerikanische Knoblauchfans, die sich in einem Klub zusammengeschlossen haben.
Tatsächlich bräuchte man wenig Worte zu verlieren, um für dieses wunderbare Gewürz, Nahrungs- und Heilmittel Freunde zu gewinnen, wäre nicht der fatale Geruch, den der Knoblauchesser nicht selbst bemerkt, der in guter Knoblauchgesellschaft nicht stört, den die knoblauchessenden Völkerschaften als ganz normal empfinden. Bei uns indessen gibt es immer noch viele beklagenswerte Zeitgenossen, die den Knoblauch nur freitags und samstags auf dem Tisch dulden. Am Montag fängt die Arbeitswoche an, und dann will man den Kunden oder Arbeitskollegen nicht mit einer Knoblauchfahne lästig fallen. Reden wir nicht darumherum: Selbst wenn man einem Menschen nur die Fußsohlen mit Knoblauch einreibt, riecht sein Atem eine halbe Stunde später nach Knoblauch.

Der japanische Arzt und Knoblauchfanatiker Yoshio Kato, der in seinem Buch „Garlic, the unknown Miracle Worker“ („Knoblauch, der unbekannte Wundertäter“) erzählt, er habe 15 000 Patienten, die an den verschiedensten Krankheiten litten, nur mit Knoblauch geheilt, empfiehlt folgendes Verfahren, Knoblauch einzunehmen, ohne daß man's nachher riechen kann: Er zerquetscht Knoblauchzehen zu einem Brei, legt davon eine bohnengroße Menge auf eine angefeuchtete Oblate, faltet sie gut zusammen und läßt den Patienten das ganze Päckchen schlucken. Danach soll er reichlich Wasser trinken, mindestens zwei große Becher, und dies nach der Mahlzeit.
Um den Knoblauch wirklich geruchlos zu machen, bedarf es allerdings nach Yoshio Kato einer weit umständlicheren Bearbeitung: In ein Glas wird eine einzentimeterhohe Schicht Bohnenbrei gefüllt, darauf kommen die geschälten Knoblauchzehen, dann wieder eine Schicht Bohnenbrei, bis das Glas zu drei Vierteln voll ist. Dann verschließt man das Glas gut und läßt es eine Woche stehen, dann wird es mit Sojasoße aufgefüllt und wieder verschlossen. Nach acht Monaten, sagt Dr. Kato, kann man nach Bedarf die Knoblauchzehen herausnehmen, waschen und verwenden – der Knoblauchgeruch soll verschwunden sein. Wer die Geduld aufbringt, mag das Verfahren erproben. Der richtige Knoblauchfreund aber bleibt bei der frischen Verwendung.
Und wenn er gar zu sehr von seiner empfindsamen Umwelt angefeindet wird, dann reist er im August nach Gilroy in Kalifornien. Dort findet dann alljährlich ein großes Knoblauchfest statt. Die Einwohner des kleinen Städtchens zwischen San Francisco und Monterrey sind im vorigen Jahrhundert, zur Zeit des Goldrausches, eingewandert. Sie stammen durchweg aus den Mittelmeerländern und haben ihre kulinarische Tradition bewahrt. Als sich zeigte, daß die Goldsuche ein allzu unsicheres Geschäft war, haben sie Obst, Tomaten, Paprika und Zwiebeln angebaut und sind allmählich auf den Knoblauchanbau gekommen. 150 bis 200 Kilogramm Knoblauch werden zum Fest von Gilroy verarbeitet und ist alles vereint in der Duftwolke der „stinking rose“.

Der Gebrauch des Knoblauchs

Im Spätsommer und Herbst kommt der Knoblauch am frischesten auf den Markt. Wenn wir uns den Winter- und Frühjahrsbedarf kaufen – ein oder zwei Zöpfe –, dann gehen wir am sichersten, einwandfreie Ware zu haben, vorausgesetzt, wir bewahren sie richtig auf. In der Küche macht sich der Knoblauchzopf zwar sehr dekorativ, aber die Kochschwaden sind nicht gut für die Haltbarkeit. Der Knoblauchzopf gehört in eine luftige und kühle Speisekammer, einzelne Knoblauchzwiebeln werden in luftdurchlässigen Stoffsäckchen aufbewahrt. Geschlossene Behälter sind so ungeeignet wie der Kühlschrank oder die Tiefkühltruhe. Übrigens ist auch das Einfrieren von Speisen, bei denen die Knoblauchwürze eine wichtige Rolle spielt, sinnlos, denn das Aroma verflüchtigt sich.

Beim Kauf achten wir darauf, daß die weiße oder rötliche Außenhaut der Zwiebel trokken und ohne Flecken ist. Die Zehen sollen fest und prall sein, weiche und verschrumpelte Zehen sind überlagert. Dort, wo schon ein kleiner grüner Keim aus der Spitze der Zehe treibt, macht sich die neue Pflanze bemerkbar; solche Zehen kann man vielleicht in den Garten pflanzen, wird sie aber nicht mehr für die Küche benutzen, ebensowenig Zehen mit braunen Flecken.

Die Knoblauchzwiebel besteht aus bis zu 30 Zehen; und das kulinarische Rezeptmaß des Knoblauchs ist ‚die Zehe".

Die Zehen werden geschält. Manche sagen, das ginge leichter, wenn man sie vorher kurz in kochendes Wasser wirft, aber es geht dabei Würzkraft verloren. Boden und eventuell auch die Spitze der Zehe entfernt man mit dem Messer.

Nun kann man die Zehen ganz verwenden, etwa wenn es gilt, damit einen Lammbraten zu spicken. Man kann sie ganz in heißem Olivenöl schmoren, muß aber dabei aufpassen, daß sie nicht braun oder gar schwarz werden.

Man schneidet die Zehen in Scheibchen oder Stücke, man hackt sie klein, damit sie sich in dieser Form mit den anderen Zutaten mischen.

Die intensivste Geschmacksausbeute erzielt man mit den zerquetschten, den pürierten Knoblauchzehen. Entweder nimmt man ein Messer, um die Zehen mit der breiten Seite zu zerdrücken, oder man benutzt die Knoblauchpresse.

Wir sollten da nicht geizig sein: Billige Kunststoffpressen halten nicht lange, viele Metallpressen sind zu klein und eng. Eine Knoblauchpresse mit rundem Querschnitt, die oft auch als Zwiebelpresse bezeichnet wird, ist größer und auch leichter zu reinigen. Man kann die Knoblauchzehen ungeschält hineingeben und den Rest samt den Häutchen um so leichter entfernen. Wer zum althergebrachten Mörser greift, der kann Knoblauchzehen gut mit grobem Salz zerstoßen und etwas Olivenöl beifügen, das verhindert Aromaverluste. Beim Würzen später wird man aber vorsichtiger salzen müssen.

Gepreßter Knoblauch, der reine Knoblauchsaft entwickelt die größte Würzkraft. Das muß der Koch auch dann bedenken, wenn er fertige Knoblauchessenz oder ein Knoblauchöl verwendet. Das ebenfalls im Handel oft erhältliche Knoblauchgranulat oder Knoblauchpulver kann hingegen leichtfertiger verwendet werden, seine Würzkraft ist gemindert. Bei Knoblauchsalz hat man immer darauf zu achten, daß der Behälter gut verschlossen ist, die Würze verfliegt sehr leicht. Mit der Knoblauchbutter, die wir uns selbst herstellen, indem wir gepreßten Knoblauch einfach mit Butter bei Zimmertemperatur vermischen, ist das anders. Hier erhält sich die Würzkraft vollkommen. Konservieren lassen sich geschälte Knoblauchzehen am einfachsten, wenn man sie in Olivenöl in einem Glas schichtet, das man fest verschließt. Auf diese Weise bewahren sie für ein halbes Jahr unvermindert ihre Qualität.

Knoblauch selber pflanzen

Besorgen wir uns Zuchtzwiebeln des Knoblauchs von einer Samenhandlung. Im Garten wählen wir eine sonnige, warme, windgeschützte Stelle mit lehmig-humosem, tief gelockertem Boden aus, der nicht frisch gedüngt und nicht stickstoffreich sein soll. Dort setzen wir die Zehen fünf Zentimeter in die Erde, die Spitze nach oben und mit 15 Zentimetern Abstand. Dort, wo der Winter nicht allzu hart ist, kann man im Spätherbst pflanzen, zur selben Zeit wie die Tulpenzwiebeln, dann ist unser Knoblauch Anfang Juli erntereif. Vorsichtige Hobbygärtner pflanzen die Zehen im März und können dann Ende September bis Anfang Oktober ernten. Reif ist die neue Knoblauchzwiebel, wenn das Laub gelb wird. Will man den Knoblauch für den Winter aufbewahren, wartet man, bis die Blätter ganz vertrocknet sind. Dann nimmt man die Zwiebel mit dem Laub und trocknet sie an einem luftigen, schattigen Platz, um nachher den Knoblauchzopf zu flechten. Manche Gärtner verknoten die schmalen Laubblätter, wenn sie noch in vollem Wachstum sind, damit alle Kraft in die Zwiebel geht, und es gibt Leute, die sagen, davon hätte der Knoblauch seinen deutschen Namen, vom „Knopf", vom Knoten, den man ins Blattwerk macht. Die Knoblauchpflanze bildet, wenn sie lange genug wachsen kann, natürlich auch eine Blüte und in den Achseln des Blütenstandes kleine Brutzwiebeln, die ebenfalls in der Küche verwendbar sind.

Auch im Garten beweist der Knoblauch seine vielfältigen Segenskräfte: Er vertreibt die Wühlmäuse.

Im Jahre 1985 wurde auf der Gartenschau in Dortmund eine neue Knoblauchart vorgestellt, der „Knolau", bei dem angeblich das Züchterkunststück gelungen ist, den unangenehmen Geruch zu vermeiden. Leider gibt es davon noch keine Setzzwiebeln im Handel, so daß wir also auf den geruchlosen Knoblauch noch warten müssen.

VORSPEISEN UND ANDERE KLEINIGKEITEN

Reichlich Knoblauch in der Vorspeise macht Appetit und belebt den Magen, damit er die bevorstehende Arbeit mit Vergnügen leistet, vor allem abends, wenn er gern zum Faulenzer würde. Auch Salate brauchen Knoblauch und selbst Gegner finden sich bereit, die Schüssel mit einer Zehe auszureiben.

(Knoblauchbutter und Knoblauchzehen im Ausbackteig, Rezepte S. 14)

Knoblauch-Butter

Für 4 Personen
Zubereitungszeit: ca. 15 Min.
ca. 770 kcal/3220 kJ

100 g Butter
6 frische Knoblauchzehen, fein zerdrückt
Salz

Die Butter zimmerwarm temperieren und schaumig rühren, den Knoblauch untermischen und mit Salz abschmecken.
(auf dem Foto S. 12)

Knoblauch-Elixier

Eine Flasche wird zu einem Drittel mit feingehackten Knoblauchzehen gefüllt. Ein guter Schnaps wird daraufgeschüttet, bis die Flasche voll ist. Manche schwören auf Wodka, andere auf Slibowitz, viele nehmen einfach Korn. Man läßt die Flasche 14 Tage an einem warmen Ort stehen und schüttelt öfters kräftig. Danach kann man den Schnaps abseihen und täglich davon ein Gläschen zu sich nehmen.
(auf dem Foto rechts)

Knoblauch-Aufstrich für Toastscheiben

Für 4 Personen
Zubereitungszeit: ca. 30 Min.
ca. 820 kcal/3 430 kJ

1 kleine Büchse Sardellenfilets
15 frische Knoblauchzehen, zerdrückt
1 Bund Petersilie, fein gehackt
2 EL Butter
½ Tasse Olivenöl
15 frische Knoblauchzehen, grob zerschnitten

1. Die Sardellenfilets waschen und abtropfen lassen, danach mit der Gabel zu einem Brei zerdrücken, mit den zerdrückten Knoblauchzehen und der Petersilie mischen, mit Butter und Öl zu einer geschmeidigen Paste verarbeiten.
2. Die grob geschnittenen Knoblauchzehen rasch in heißem Öl leicht goldbraun braten und der Paste beimischen.
(auf dem Foto rechts)

Knoblauchzehen im Ausbackteig

Für 2 Personen
Zubereitungszeit: ca. 30 Min.
ca. 770 kcal/3 220 kJ

2 frische große Knoblauchzwiebeln, in Zehen zerteilt
125 g Mehl
etwas Bier
2 Eigelb
Olivenöl
Salz, Muskat
2 Eiweiß, steif geschlagen

1. Die Knoblauchzehen in Wasser kurz kochen, dann herausnehmen und pellen. Nochmals in das kochende Wasser werfen und für einige Minuten kochen lassen, dann herausheben und abtropfen lassen.
2. Aus dem Mehl, dem Bier, den Eigelben und etwas Öl einen Teig mischen, der mit Salz und Muskat gewürzt wird. Unter den ziemlich dünnen Teig das geschlagene Eiweiß ziehen.
3. In diesen Teig die Knoblauchzehen tauchen und dann rasch in heißem Öl fritieren.
(auf dem Foto S. 12)

Schafskäse als Vorspeise

Für 4 Personen
Zubereitungszeit: ca. 30 Min.
ca. 1 510 kcal/6 320 kJ

250 g Schafskäse
1 Bund Dill, fein gehackt
3 Zweiglein Estragon, fein gehackt
8 Knoblauchzehen, zerdrückt
10 schwarze Oliven, entkernt und klein geschnitten
Saft von ½ Zitrone
5 EL Olivenöl

Wenn der Schafskäse sehr salzig ist, sollte man ihn vor der Zubereitung zwei Stunden in lauwarmes Wasser legen. Alle Zutaten mit dem Schafskäse verkneten.
(auf dem Foto: unten)

Fettunta

Für 4 Personen
Zubereitungszeit: ca. 5 Min.
ca. 1 660 kcal/6 950 kJ

500 g altbackene Brotscheiben
Knoblauch, halbierte Zehen
4 EL frisches und gutes Olivenöl
Pfeffer, Salz

Die Brotscheiben am offenen Grill von beiden Seiten knusprig braten. Dann sofort mit halbierten Knoblauchzehen beidseitig tüchtig einreiben, mit Olivenöl beträufeln und mit Salz und Pfeffer bestreuen.
(auf dem Foto: Mitte)

BOHNENCREME ALS VORSPEISE

Für 4 Personen

Zubereitungszeit: ca. 80 Min.
ca. 2 330 kcal/9 750 kJ

250 g weiße Bohnen
6 Knoblauchzehen
Salz
1/8 l Olivenöl
5 frische Pfefferminzblätter, gehackt
1 Bund Petersilie, gehackt
50 g Haselnüsse oder Piniennüsse, gemahlen
1/2 TL Cayennepfeffer
Saft von 2 Zitronen

1. Die während 24 Stunden eingeweichten und dann in wenig Salzwasser weichgekochten Bohnen durch ein Sieb passieren.

2. Den Knoblauch mit Salz und etwas Olivenöl zerdrükken. Die Pfefferminzeblätter und die Petersilie dazumischen und mit dem restlichen Olivenöl und den Haselnüssen unter den Bohnenbrei rühren, mit Salz und Cayennepfeffer sowie mit dem Zitronensaft abschmecken.
(auf dem Foto: oben)

Gemischter Salat

Für 6–8 Personen
Zubereitungszeit: ca. 30 Min.
ca. 1 270 kcal/5 310 kJ

2 mittelgroße Gurken, in Würfeln
1 Bund Petersilie, gehackt
1 Bund Lauchzwiebeln, in Scheiben geschnitten
1 gelbe und 1 rote Paprikaschote, in dünne Streifen geschnitten
1 Kopfsalat, in Streifen geschnitten
2 Fleischtomaten, in Stücke geschnitten
6 Knoblauchzehen, zerdrückt
10 schwarze Oliven, entkernt und halbiert
100 g Schafskäse, in Würfeln

Sauce:
½ Tasse Olivenöl
scharfer Senf
Sojasauce
Zitronensaft
Salz
Pfeffer

Alle Zutaten gut durchmischen. Aus Olivenöl, Senf, Sojasauce, Zitronensaft, Salz und Pfeffer eine Sauce mischen. Diese gut mit dem Salat vermengen.
(auf dem Foto oben: rechts)

Paprika-vorspeise aus Lesbos

Für 4 Personen
Zubereitungszeit: ca. 20 Min.
ca. 820 kcal/3 430 kJ

½ kg rote Paprikaschoten
2 Auberginen
6 Knoblauchzehen, zerdrückt
Rotweinessig
Olivenöl
Salz
schwarzer Pfeffer

Die Paprikaschoten und die Auberginen mit dem Mixer zerkleinern, die Knoblauchzehen dazugeben und das Püree in einem Topf erhitzen. Das Öl großzügig zugeben, mit Essig, Salz und Pfeffer abschmecken.
(auf dem Foto oben: links)

Kartoffelsalat mit Löwenzahn

Für 4 Personen
Zubereitungszeit: ca. 30 Min.
ca. 980 kcal/4 100 kJ

250 g Kartoffeln, gekocht und in Scheiben geschnitten
Weißweinessig
Olivenöl
Salz
Pfeffer
2 Zwiebeln, sehr fein gehackt
5 Knoblauchzehen, zerdrückt
1 saurer Apfel, in kleinen Würfeln
1 Bund Petersilie, gehackt
1 Bund Kerbel, gehackt
250 g Löwenzahn, in feinen Streifen
100 g Schinkenspeck, in Würfeln

1. Die Kartoffeln mit Weißweinessig, Olivenöl, Salz und Pfeffer, Zwiebeln und dem Knoblauch mischen.
2. Den Apfel mit der Petersilie, dem Kerbel und dem Löwenzahn unter den Kartoffelsalat mischen.
3. Den Speck in der Pfanne knusprig braten und zum Salat geben.
(auf dem Foto unten)

Knoblauch-Tomaten-Sauce

Für 4 Personen
Zubereitungszeit: ca. 40 Min.
ca. 720 kcal/3 010 kJ

10 Knoblauchzehen, mit Salz und Olivenöl zerstoßen
5 EL Olivenöl
500 g Tomaten, enthäutet
2 Stangen Bleichsellerie, in feine Scheiben geschnitten
1 Bund Petersilie, gehackt
5 EL Tomatenmark
1 Handvoll Basilikumblätter, fein geschnitten
1/2 L Fleischbrühe
weißer Pfeffer
Salz

1. Den Knoblauch mit dem Öl in die Pfanne geben und kurz anschmoren. Die Tomaten in Stücke schneiden, dazugeben und kräftig rühren. Nun die Bleichselleriescheiben und die Petersilie dazugeben.
2. Das Tomatenmark mit der Fleischbrühe verrühren, zu den übrigen Zutaten geben, alles gut schmoren und eindampfen lassen. Zum Schluß die gehackten Basilikumblätter hinzugeben und mit Pfeffer und Salz würzen. *(auf dem Foto: rechts)*

Feinschmecker-Tip

Diese Sauce eignet sich für Lamm- und Rindfleisch ebenso gut wie für Nudelgerichte.

Saloniki-Sauce

Für 4 Personen
Zubereitungszeit: ca. 20 Min.
ca. 140 kcal/590 kJ

8 Knoblauchzehen, mit Salz zerstoßen
150 g Tomatenmark
1 EL Balsamico-Essig
2 EL Saft von getrockneten Pflaumen
1 EL scharfer Senf
½ Tasse Fleischbrühe
Pfeffer, Salz

Die Knoblauchzehen mit den übrigen Zutaten vermischen. Alles in eine Pfanne geben. 10 Minuten unter ständigem Rühren konzentrieren.
(auf dem Foto: links)

Sardellensauce

Für 4 Personen
Zubereitungszeit: ca. 20 Min.
ca. 890 kcal/3 720 kJ

8 Knoblauchzehen, zerdrückt
½ Tasse Olivenöl
5 Sardellenfilets, zerdrückt
½ Becher saure Sahne
1 Bund Dill, fein gehackt
Salz, weißer Pfeffer

1. Den Knoblauch im mäßig heißen Öl dünsten, die Sardellenfilets dazugeben.
2. Die saure Sahne mit dem Dill, der kalten Sardellen-Knoblauch-Masse, Salz und Pfeffer verrühren.
(auf dem Foto: Mitte)

Griechische Knoblauchsauce

Für 4–6 Personen
Zubereitungszeit: ca. 40 Min.
ca. 1 640 kcal/6 860 kJ

500 g Kartoffeln, gekocht
½ Tasse Olivenöl
3 Eigelb
1 Becher süße Sahne
10 frische Knoblauchzehen, zerdrückt
etwas Weißweinessig
Salz
Pfeffer

Die Kartoffeln pellen, dann mit dem Öl, den Eigelben und der Sahne zu einem Püree verarbeiten. Die Knoblauchzehen mit dem Brei gut verrühren und mit Essig, Salz und Pfeffer abschmecken.
(auf dem Foto: unten)

Feinschmecker-Tip

Diese Sauce eignet sich als Brotaufstrich, zu Salaten und Gemüsen und auch sehr gut zu Fisch.

Pflaumensauce aus Arabien

Für 4 Personen
Zubereitungszeit: ca. 20 Min.
(ohne Einweichzeit)
ca. 740 kcal/3 100 kJ

250 g getrocknete Pflaumen (oder kalifornische Trockenpflaumen)
3 Knoblauchzehen, zerdrückt
½ TL Zimt
Salz
weißer Pfeffer
1 Bund Petersilie, fein gehackt
5 Blättchen Pfefferminze, fein gehackt

1. Die Trockenpflaumen 12 Stunden in Wasser einweichen und dann im selben Wasser weichkochen. Anschließend durch ein Sieb streichen. Die Knoblauchzehen und den Zimt hinzugeben, mit Salz und Pfeffer abschmecken.
2. Erst nach dem Erkalten der Sauce die feingehackten Kräuter untermischen.
(auf dem Foto: oben)

Feinschmecker-Tip

Diese Sauce paßt zu allen Lamm- und Hammelgerichten.

Aioli

Für 4 Personen
Zubereitungszeit: ca. 30 Min.
ca. 600 kcal/2 510 kJ

6 frische Knoblauchzehen, zerdrückt
2 Eigelb
1 TL scharfer Senf
½ Tasse Olivenöl
2 EL Zitronensaft

Den Knoblauch mit den Eigelben und dem Senf in einer Schüssel sehr gut mischen. Dann das Öl langsam dazugeben und kräftig rühren. Mit Zitronensaft und Salz abschmecken.
(auf dem Foto: Mitte)

Feinschmecker-Tip

Diese Knoblauchsauce aus Südfrankreich paßt zu allem, von der Fischsuppe bis zur Pellkartoffel.
Achten Sie jedoch genau wie bei der Mayonnaise darauf, daß alle Zutaten Zimmertemperatur haben.

Suppen

In den folgenden Rezepten vereinigt sich der Knoblauch am besten mit den anderen Ingredienzen zu interessanten und wohltuenden Akkorden. Daß Knoblauch zudem stark macht, haben schon die alten Griechen erkannt, die ihre Krieger vor der Schlacht mit Knoblauch fütterten.

(Spanische Bohnensuppe, Rezept S. 26)

Spanische Bohnensuppe

Für 4 Personen
Zubereitungszeit: ca. 100 Min.
(ohne Einweichzeit)
ca. 1 520 kcal/6 360 kJ

200 g weiße Bohnen
1 Zwiebel, grob gehackt
4 Knoblauchzehen, in Scheiben geschnitten
1 rote oder gelbe Paprikaschote, in Würfeln
½ Tasse Olivenöl
Salz
1 Brühwürfel
4 Zweiglein Majoran, gehackt
1 Bund Petersilie, gehackt
2 Weißbrotscheiben
30 g Butter

1. Die Bohnen 12 Stunden in Wasser einweichen, das Wasser abgießen und neues Wasser zugeben. Die Zwiebeln, den Knoblauch und die Paprikaschoten mit dem Öl zu den Bohnen geben, salzen und kochen lassen, bis die Bohnen weich sind.
2. Die Suppe durch ein Sieb streichen oder pürieren. Den Brei mit dem in Wasser aufgelösten Brühwürfel verrühren, Majoran und Petersilie beifügen und nochmals eine halbe Stunde kochen lassen.
3. Die Brotscheiben in Würfel schneiden, in der Butter rösten, zur Suppe servieren.
(auf dem Foto S. 24)

Knoblauchsuppe aus Bar

Für 4 Personen
Zubereitungszeit: ca. 20 Min.
ca. 690 kcal/2 890 kJ

¼ Tasse Olivenöl
10 Knoblauchzehen, fein geschnitten
1 EL Paprika edelsüß
½ Tasse Weißwein
1 Brühwürfel
1 Bund Petersilie, fein gehackt
100 g Faden- oder Hörnchennudeln
Salz
Pfeffer

1. Das Olivenöl in einem Topf erhitzen und die Knoblauchzehen darin andünsten. Den Paprika dazugeben und mit dem Weißwein ablöschen.
2. Den Brühwürfel in heißem Wasser auflösen, dazugeben und die Petersilie beifügen. Die Brühe zum Kochen bringen, die Nudeln hineingeben und gar werden lassen. Die Suppe mit Salz und Pfeffer abschmecken.
(auf dem Foto: oben)

Knoblauchsuppe aus Anatolien

Für 4 Personen
Zubereitungszeit: ca. 30 Min.
ca. 760 kcal/3 180 kJ

1 EL Butter
10 Knoblauchzehen, mit Salz zerdrückt
1 Stück Sellerieknolle, fein gerieben
1 l Hühnerbrühe
4 Eier
1 Bund Petersilie, gehackt
Toastbrot, gewürfelt und geröstet

1. Die Butter in einem Topf erhitzen, die Knoblauchzehen dazugeben, kurz anschmoren und den geriebenen Sellerie zufügen, diesen ebenfalls etwas schmoren, dann mit ein wenig Hühnerbrühe ablöschen. Den Knoblauch und den Sellerie etwas kochen, dann mit der restlichen Hühnerbrühe auffüllen.
2. Die Eier verquirlen und unter ständigem Rühren in die Suppe geben, die leise köchelt.
3. Nach einigen Minuten die Suppe in die Tassen füllen, die Petersilie daraufstreuen und mit gerösteten Toastwürfeln servieren.
(auf dem Foto: unten)

LAMMFLEISCH-SUPPE

Für 6 Personen
Zubereitungszeit: ca. 100 Min.
(ohne Einweichzeit)
ca. 2 540 kcal/10 630 kJ

- *200 g weiße Bohnen*
- *4 EL Olivenöl*
- *2 große Zwiebeln, in Scheiben*
- *500 g Lammfleisch, in Stücken*
- *3 Fleischtomaten, in kleinen Stücken*
- *1 Porreestange, in Scheiben*
- *4 Zweiglein Thymian oder Bohnenkraut, klein geschnitten*
- *6 Knoblauchzehen, in Scheiben*
- *Salz*
- *Pfeffer*
- *100 g kurze Nudeln*
- *1 Bund Petersilie, fein gehackt*

1. Die Bohnen über Nacht in Wasser einweichen.
2. Das Olivenöl in einem großen Topf erhitzen, die Zwiebeln und die Lammfleischwürfel hineingeben. Dann die Tomaten, den Porree, den Thymian und den Knoblauch hinzugeben.
3. Nun die weißen Bohnen dazumischen, pfeffern und salzen und 2 Liter Wasser angießen. Alles 1 Stunde kochen lassen, dann die Nudeln beifügen und noch mal ¼ Stunde köcheln lassen. Zum Schluß mit Petersilie bestreuen.
(auf dem Foto: oben)

ERBSENSUPPE AUS BANGALORE

Für 4 Personen
Zubereitungszeit: ca. 80 Min. (ohne Einweichzeit)
ca. 810 kcal/3 390 kJ

1 Tasse gelbe Erbsen
3 dünne Scheiben Ingwerwurzel
2 grüne Peperonischoten, in Scheiben
2 Zwiebeln, in Scheiben
1 Zwiebel, fein gehackt
5 Knoblauchzehen, zerdrückt
¼ Tasse Öl
Salz
1 TL Curry
Zitronensaft

1. Die Erbsen über Nacht in Wasser einweichen. Dann im Einweichwasser zusammen mit den Ingwerscheiben, den Peperonischoten und den Zwiebelscheiben etwa eine Stunde kochen, bis die Erbsen weich sind.
2. In einer Pfanne die feingehackten Zwiebeln und den Knoblauch in Öl dünsten und mit Salz und Curry würzen. Zur Suppe geben und mit Salz und Zitronensaft abschmecken.
(auf dem Foto: unten)

Linsensuppe aus Andaman

Für 4 Personen
Zubereitungszeit: ca. 40 Min.
(ohne Einweichzeit)
ca. 940 kcal/3 930 kJ

- *1 Tasse Linsen*
- *3 Schalotten, in Scheiben*
- *2 Tassen Weißkohl, geschnitten*
- *¼ Tasse Öl*
- *3 Schalotten, fein gehackt*
- *5 Knoblauchzehen, in Scheiben*
- *2 EL Tomatenmark*
- *1 TL gemahlener Kümmel*
- *1 TL Curry*
- *2 EL Zitronensaft*
- *Salz*

1. Die Linsen über Nacht in Wasser einweichen. Dann mit den in Scheiben geschnittenen Schalotten in leicht gesalzenem Wasser ¼ Stunde kochen. Den Weißkohl zugeben und weiterkochen.
2. Das Öl erhitzen und die gehackten Schalotten sowie die Knoblauchzehen darin anbräunen. Das Tomatenmark und den gemahlenen Kümmel mit etwas Wasser verrühren, dazugeben und kurz durchkochen lassen. Mit der Suppe verrühren und mit Curry, Zitronensaft und Salz abschmecken.
(auf dem Foto unten: rechts)

Salatsuppe von der Drina

Für 6 Personen
Zubereitungszeit: ca. 30 Min.
ca. 2 130 kcal/8 910 kJ

- *150 g geräucherter Speck, in Würfeln*
- *Olivenöl*
- *8 Knoblauchzehen, zerdrückt*
- *3 Kopfsalat, in Streifen*
- *1½ Tassen Créme fraîche*
- *3 Eigelb*
- *1 Bund Dill, klein gehackt*
- *etwas Zucker*
- *Salz*
- *Pfeffer*

1. Den Speck in dem Olivenöl knusprig braten. Dann den Knoblauch und die Salatstreifen zugeben. Sobald der Salat zusammenfällt, mit Wasser aufgießen.
2. Die Créme fraîche mit den Eigelben verrühren und über den Salat gießen. Bei kleiner Flamme nochmals kurz kochen.
3. Die Suppe mit Dill, Zucker, Salz und Pfeffer abschmekken und eventuell mit einigen gerösteten Weißbrotwürfeln servieren.
(auf dem Foto oben)

Suppe vom Schwarzen Meer

Für 8 Personen
Zubereitungszeit: ca. 1½ Std.
(ohne Einweichzeit)
ca. 1 940 kcal/8 120 kJ

- *150 g Graupen*
- *100 g weiße Bohnen*
- *150 g Maiskörner*
- *2 l Fleischbrühe*
- *Olivenöl*
- *2 rote Paprikaschoten, klein geschnitten*
- *2 Stangen Porree, klein geschnitten*
- *6 Knoblauchzehen, in Scheiben*
- *4 Tomaten, enthäutet und zerdrückt*
- *Salz*
- *schwarzer Pfeffer*
- *Joghurt nach Belieben*
- *1 Bund Petersilie, gehackt*

1. Graupen und weiße Bohnen über Nacht in Wasser einweichen. Die Graupen, die weißen Bohnen und die Maiskörner in der Fleischbrühe kochen lassen.
2. In einer Pfanne das Olivenöl erhitzen, nach und nach die Paprikastücke, den Porree und den Knoblauch hinzugeben, alles gut durchrühren und schmoren. Die Tomaten hineingeben, salzen und pfeffern, dann zu den Graupen, Bohnen und Maiskörnern geben. Nun auf kleiner Flamme kochen, bis alles gar ist. Die Suppe mit etwas Joghurt und Petersilie servieren.
(auf dem Foto unten: links)

GEMÜSE

Den wenigsten ist bekannt, daß Knoblauch den Geschmack von Hülsenfrüchten nicht nur abrundet, sondern sie auch besser verdaulich macht. Bei Zucchini, Tomaten, Paprikaschoten und Auberginen ist zumindest der Hauch von Knoblauch auch für Mißtrauische ein absolutes Muß.

(Bohnen aus Persien, Rezept S. 34)

Bohnen aus Persien

Für 4 Personen
Zubereitungszeit: ca. 60 Min.
ca. 2 270 kcal/9 500 kJ

- *100 g Reis*
- *1 kleine Msp. Safran*
- *250 g Bohnen*
- *8 EL Olivenöl*
- *5 Knoblauchzehen, fein gehackt*
- *200 g Lammfleisch, klein geschnitten*
- *1 Bund Dill, fein gehackt*
- *Salz*
- *Pfeffer*

1. Den Reis mit dem Safran zusammen fast gar kochen. Die Bohnen kleinschneiden und in leicht gesalzenem Wasser kochen, dann mit kaltem Wasser abschrecken.
2. 5 Eßlöffel Olivenöl erhitzen und das Lammfleisch darin bräunen. Den Knoblauch und zum Schluß den Dill dazugeben, salzen und pfeffern.
3. Nun den Safranreis, das Lammfleisch und die dicken Bohnen schichtweise in einen hohen Topf füllen und noch mal mit 3 Eßlöffel Olivenöl beträufeln. Den Deckel fest darauflegen und das Gericht bei kleinster Flamme ¼ Stunde garen.
(auf dem Foto S. 32)

Eingelegter Weisskohl

Für 6–8 Personen
Zubereitungszeit: ca. 20 Min.
(ohne Marinierzeit)
ca. 450 kcal/1 880 kJ

- *1 mittelgroßer Weißkohl*
- *12 Knoblauchzehen*
- *1 EL Salz*
- *1 l Weißweinessig*
- *3 Lorbeerblätter*

1. Den Weißkohl von den äußeren Blättern befreien, den Kopf in 4 Stücke teilen, den Strunk aus jedem Teil lösen und den Kohl in feine Streifen schneiden.
2. Die Knoblauchzehen mit dem Salz zerstoßen und den Essig zugeben.
3. Den Weißkohl in ein Glas pressen, die Mischung aus Knoblauch, Essig und Salz darübergeben, die Lorbeerblätter dazulegen und so viel Wasser dazugeben, bis der Kohl bedeckt ist. Das Glas mit einem Tuch verschließen und zubinden. An einem kühlen, dunklen Ort einige Tage stehenlassen.
(auf dem Foto: unten)

Feinschmecker-Tip

Dieser Weißkohl ist eine gute Beilage zu Vorspeisen und Salatplatten.

Bohnen aus Granada

Für 6 Personen
Zubereitungszeit: ca. 30 Min.
ca. 1 120 kcal/4 690 kJ

- *1 kg grüne Bohnen, in Stücken*
- *Salz*
- *1 gute Handvoll Spinatblätter, grob geschnitten*
- *1 Zwiebel, fein gehackt*
- *4 Knoblauchzehen, in Scheiben*
- *4 Tomaten, in Scheiben*
- *½ Tasse Olivenöl*
- *½ Bund Petersilie, gehackt*
- *4 EL Semmelbrösel*
- *1 Prise Safran*
- *weißer Pfeffer*
- *Butter*
- *1 Bund Basilikum, gehackt*

1. Die Bohnen in wenig Salzwasser kochen, dann mit kaltem Wasser abschrecken. Den Spinat blanchieren.
2. In einer Pfanne die Zwiebel, die Knoblauchzehen und die Tomatenscheiben in heißem Öl schmoren. Danach die Bohnen, die Petersilie und, wenn nötig, noch etwas Wasser zugeben.
3. Die Semmelbrösel mit dem Safran und etwas Pfeffer in Butter bräunen und unter das Gemüse mischen. Zum Schluß die gehackten Basilikumblätter untermischen und das Gemüse noch etwas köcheln lassen.
(auf dem Foto: oben)

Zucchini-Tian aus der Provence

Für 4 Personen
Zubereitungszeit: ca. 60 Min.
ca. 1 750 kcal/7 320 kJ

5 mittelgroße Zucchini, in Würfeln
5 Knoblauchzehen, zerdrückt
Salz
Pfeffer
1 Bund Petersilie, gehackt
1 Bund Basilikum, gehackt

Sauce:
¾ l Milch
1 Gewürznelke
3 Pfefferkörner
2 Lorbeerblätter
½ Zwiebel, klein gehackt
½ Bund Petersilie, fein gehackt
40 g Butter
40 g Mehl
Salz
etwas Muskatnuß, gerieben

außerdem:
2 Eier
Semmelbrösel
Olivenöl
Butter

1. Die Zucchini würfeln (wenn die Schalen zu hart sind, die Zucchini vorher schälen) und mit den Knoblauchzehen in wenig Salzwasser zu Brei verkochen, mit Salz und Pfeffer abschmecken und die Kräuter untermischen.

2. Die Milch mit den Gewürzen, der Zwiebel und den Kräutern bei geringer Hitze auf etwa ½ Liter einkochen lassen, dann die Flüssigkeit durch ein Sieb gießen.

3. In einem Topf die Butter erhitzen und das Mehl darin anschwitzen, die Milch unter ständigem Rühren dazugießen und zu einer glatten Sauce verkochen. Mit Salz und Muskat würzen.

4. Diese Sauce mit dem Zucchinibrei mischen, die Eier unterrühren. Den Brei in eine flache Tonschüssel (Tian), die vorher gut mit Olivenöl eingeölt wurde, füllen, mit einer Schicht Semmelbrösel bedecken und mit Butterflöckchen belegen. Dann im Backofen so lange backen, bis eine Kruste entsteht.

Bulgarischer Kaviar

Für 4 Personen
Zubereitungszeit: ca. 30 Min.
ca. 860 kcal/3 600 kJ

- *3 rote Paprikaschoten*
- *2 Auberginen*
- *½ Tasse Sonnenblumenöl*
- *5 Knoblauchzehen, zerdrückt*
- *1 Bund Petersilie, fein gehackt*
- *1 Handvoll eingelegte schwarze Oliven, entkernt und zerhackt*
- *Salz*
- *Pfeffer*
- *Saft von 1 Zitrone*
- *3 Tomaten, in Scheiben*

1. Paprikaschoten und Auberginen entkernen, in Würfel schneiden und in der heißen Pfanne in wenig Öl kräftig anbraten.
2. Das Gemüse mit dem Öl, der Petersilie und den Oliven mischen, mit Salz, Pfeffer und Zitronensaft abschmecken, mit den Tomatenscheiben garnieren und vor dem Servieren mit etwas Öl begießen.
(auf dem Foto unten)

Knoblauch-Pilz-Gemüse

Für 1–2 Personen
Zubereitungszeit: ca. 30 Min.
ca. 380 kcal/1 590 kJ

- *1 Knoblauchknolle*
- *verschiedene Kräuter (Schnittlauch, Dill, Petersilie)*
- *75–100 g geschlossene Champignons*
- *50–75 g Austernpilze*
- *Salz*
- *⅛ l Milch*
- *30 g Butter*
- *Pfeffer*
- *Muskat*

1. Die Knoblauchknolle teilen, die Zehen schälen, der Länge nach halbieren und das Grüne entfernen.
2. Die Kräuter waschen und ¾ kleinschneiden, die Pilze putzen und kleinschneiden.
3. Die Knoblauchzehen in Salzwasser blanchieren, mit kaltem Wasser abschrecken und in der Milch aufkochen.
4. Die Hälfte der Butter erhitzen, die Pilze dazugeben, die Pfanne nicht bewegen. Kräuter und die Knoblauchmilch dazugeben, würzen. Alles noch mal aufkochen und die restliche Butter, die nicht kalt ist, einrühren. Mit den restlichen Kräutern garniert servieren.
(auf dem Umschlagfoto)

Paprikaschoten mit Schafskäse

Für 4–6 Personen
Zubereitungszeit: ca. 40 Min.
ca. 2 320 kcal/9 700 kJ

- *4 grüne Paprikaschoten*
- *400 g weißer Schafskäse*
- *50 g Parmesankäse, gerieben*
- *3 Eier*
- *1 Bund Petersilie, fein gehackt*
- *4 Knoblauchzehen, zerdrückt*
- *Salz*
- *Pfeffer*
- *Sonnenblumenöl*

1. Die Paprikaschoten entkernen, die Schoten halbieren und in der Pfanne mit heißem Öl rasch rundherum anbraten.
2. Den Schafskäse mit dem Parmesan, den Eiern, der Petersilie und dem Knoblauch gut vermischen, salzen und pfeffern.
3. Die Paprikaschoten mit dieser Masse füllen, in eine feuerfeste, geölte Form setzen und bei 180–200°C im Backofen garschmoren.
(auf dem Foto oben)

Feinschmecker-Tip

Als Beilage paßt dazu sehr gut ein Safranreis.

FLEISCH

Gerade dem Schwein und seinem Speck bringt der Schlankheitsfanatiker unserer Epoche Mißtrauen entgegen. Aber Grimod de Reynière schrieb: „Ohne Speck keine Küche; und die Ärzte, die ihn verdammen, kennen den Knoblauch nicht." – „Knoblauch ist bei fettem Fleisch ein milder Helfer, bei magerem eine Gaumenfreude, bei Lamm und Hammel eine Notwendigkeit!" so Carême, der Leibkoch Talleyrands.

(Koteletts von der Bistrita, Rezept S. 42)

Koteletts von der Bistrita

Für 4 Personen
Zubereitungszeit: ca. 60 Min.
ca. 3 445 kcal/14 410 kJ

4 Schweinekoteletts
Salz
Pfeffer
50 g Schweineschmalz
1 Zwiebel, fein gehackt
6 Knoblauchzehen, zerdrückt
1 EL Paprika edelsüß
250 g Kartoffeln, geschält und in dünnen Stiften
2 Tassen Créme fraîche
1 Bund Petersilie, klein gehackt

1. Die Koteletts salzen und pfeffern, im heißen Schmalz von beiden Seiten braten, dann aus der Pfanne nehmen.
2. Die Kartoffeln ebenfalls in Öl braten, bis sie gar sind.
3. Die Zwiebel und den Knoblauch in der Pfanne rösten, den Paprika mit einer Tasse Wasser verrühren, dazugeben und den Bratensatz lösen, die Créme fraîche dazugeben und mit Petersilie bestreut servieren.
(auf dem Foto S. 40)

Schweinefleisch aus Andalusien

Für 6 Personen
Zubereitungszeit: ca. 1½ Std.
ca. 3 990 kcal/16 690 kJ

1 kg Schweinefleisch aus der Keule
20 g geröstete Mandelstifte
4 Knoblauchzehen, in Streifen
25 g grüne Oliven, entkernt und geviertelt
1 Tasse Olivenöl
250 g Tomaten, geschält und zerdrückt
1 Zwiebel, fein gehackt
4 Knoblauchzehen, zerdrückt
⅛–¼ l Weißwein
1 Lorbeerblatt
Salz
Pfeffer

1. Das Fleisch salzen. Dann mit dem Küchenmesser kleine, tiefe Einstiche hineinschneiden und die Mandeln, die in Streifen geschnittenen Knoblauchzehen und die Oliven hineinstecken.
2. Das Fleisch im heißen Öl von allen Seiten anbraten, dann die Tomaten, die Zwiebeln und die Knoblauchzehen beigeben.
3. Zugedeckt einige Zeit schmoren lassen, dann mit Weißwein auffüllen und das Lorbeerblatt hineingeben. Das Fleisch so lange schmoren, bis es gar ist, dabei eventuell etwas Flüssigkeit nachgießen. Die Sauce mit Salz und Pfeffer abschmecken.
(auf dem Foto: oben)

Schweinefleisch aus Jannina

Für 4 Personen
Zubereitungszeit: ca. 1½ Std.
ca. 2 030 kcal/8 490 kJ

50 g Schweineschmalz
500 g mageres Schweinefleisch, in Würfeln
100 g durchwachsener Speck, in Würfeln
2 Zwiebeln, klein gehackt
5 Knoblauchzehen, zerdrückt
3 EL Tomatenmark
½ Brühwürfel
3 gelbe Paprikaschoten, in Streifen
Salz
Pfeffer

1. Im heißen Schweineschmalz das Fleisch und den Speck anbraten, die Zwiebeln und die Knoblauchzehen dazugeben und anrösten.
2. Das Tomatenmark und ½ Brühwürfel mit etwas Wasser verrühren und dazugeben. Die Paprikaschoten hinzufügen und zugedeckt garen lassen, bis das Fleisch weich ist. Dann salzen und pfeffern.
(auf dem Foto: unten)

Rindfleisch mit Schinkenspeck

Für 4 Personen
Zubereitungszeit: ca. 60 Min.
ca. 2 160 kcal/9 040 kJ

- *½ kg mageres Bratfleisch vom Rind, in dünnen Scheiben*
- *100 g Schinkenspeck, in Scheiben*
- *1 EL Schweineschmalz*
- *5 Knoblauchzehen, zerdrückt*
- *1 Zwiebel, fein gehackt*
- *2 Tomaten, gepellt und zerdrückt*
- *schwarze Pfefferkörner*
- *1 Lorbeerblatt*
- *1 Tasse Fleischbrühe*
- *1 Glas Weißwein*
- *1 Glas Weinbrand*
- *½ Tasse Öl*
- *1 TL scharfer Senf*
- *Salz, schwarzer Pfeffer*

1. Die Fleischscheiben und den Speck in 5 x 10 cm große Stücke schneiden, abwechselnd aufeinanderschichten und mit Zahnstochern zusammenstecken.
2. Die Fleischstücke in einer Pfanne in heißem Schmalz braten, dann Knoblauchzehen, Zwiebel, Tomaten, Pfefferkörner und Lorbeerblatt zugeben. Einige Minuten schmoren lassen, mit der Fleischbrühe ablöschen.
3. Wein, Weinbrand, Öl und Senf zu einer Sauce verrühren, damit das Fleisch während des Garens begießen. Den Sud vor dem Servieren durch ein Sieb passieren, salzen und pfeffern.
(auf dem Foto: unten)

Rindfleisch-Gemüse-Topf

Für 4 Personen
Zubereitungszeit: ca. 90 Min.
ca. 1570 kcal/6570 kJ

½ kg Rindfleisch (Keule), in kleinen Würfeln
Olivenöl
1 Zwiebel, fein gehackt
5 Knoblauchzehen, zerdrückt
5 Tomaten, enthäutet und klein geschnitten
⅛ l Weißwein
2 Möhren, in Stiften
1 Bund Lauchzwiebeln, in Scheiben
150 g grüne Erbsen
150 g grüne Bohnen, klein geschnitten
1 Bund Petersilie, gehackt
3–4 Kartoffeln, gewürfelt
1 Handvoll Basilikum, gehackt
Salz
schwarzer Pfeffer

1. Das Fleisch im heißen Öl gut anbraten, dann die Zwiebel, die Knoblauchzehen und die Tomaten dazugeben, gut durchrühren und dünsten, dann mit Weißwein ablöschen.

2. Das Gemüse mit der Petersilie in wenig Salzwasser kochen. Das Fleisch mit dem Sud dazugeben, die Kartoffeln beifügen und ganz zum Schluß, wenn die Kartoffeln schon gar sind, das Basilikum untermischen, salzen und pfeffern.

(auf dem Foto: oben)

Rindfleisch-Schnitten

Für 4 Personen
Zubereitungszeit: ca. 30 Min.
(ohne Marinierzeit)
ca. 2 470 kcal/10 330 kJ

4 dünne Scheiben aus der Rinderlende
Salz
weißer Pfeffer
3 Eier
1½ Tassen Milch
3 Knoblauchzehen, zerdrückt
1 Tasse Öl
3 Knoblauchzehen, in Scheiben
Semmelbrösel

1. Die Lendenschnitten jeweils dritteln und salzen. Die Eier mit der Milch verquirlen, die zerdrückten Knoblauchzehen hineinrühren. Die Fleischstücke in diese Marinade legen und zwei bis drei Stunden ziehen lassen.
2. In der Pfanne Öl erhitzen und die in Scheiben geschnittenen Knoblauchzehen darin goldbraun braten, dann herausnehmen.
3. Das Fleisch aus der Marinade nehmen und in den Semmelbröseln wenden. Im heißen Öl braten.
(auf dem Foto oben: rechts)

Teigtaschen

Für 4 Personen
Zubereitungszeit: ca. 60 Min.
ca. 2 060 kcal/8 620 kJ

250 g Rinderhackfleisch
1 Zwiebel, fein gehackt
1 Bund Petersilie, fein gehackt
Salz
Pfeffer
250 g Mehl, gesiebt
2 Eier
1 EL Butter
8 Knoblauchzehen, zerdrückt
500 g Joghurt
1 EL Paprika edelsüß

1. Das Hackfleisch mit der Zwiebel und der Petersilie mischen und würzen.
2. Das Mehl, die Eier, ein bis zwei Eßlöffel Wasser und Salz zu einem festen Teig verkneten, eine halbe Stunde ruhen lassen. Dann 2 mm dick ausrollen und 5 x 5 cm große Quadrate schneiden.
3. Darauf jeweils ein Löffelchen Füllung geben und die Teigecken hochschlagen und dicht zusammendrükken. Die Taschen auf ein gefettetes Blech setzen und 15 bis 20 Minuten bei mittlerer Hitze backen.
4. Knoblauch, Joghurt und Paprika verrühren, mit den Teigtaschen servieren.
(auf dem Foto unten)

Rindfleisch-Kohl-Curry

Für 6 Personen
Zubereitungszeit: ca. 2 Std.
ca. 2 520 kcal/10 550 kJ

1 kg Rindfleisch, in Würfeln
1 TL Ingwerpulver
½ kg Tomaten, enthäutet, in Stücken
6 Knoblauchzehen, in Scheiben
3 Zwiebeln, in Scheiben
1 kleiner Weißkohl oder Wirsing, in Streifen
1 Tasse Créme fraîche
4 EL Butter
Saft von 1 Zitrone
1 EL Curry
Salz

1. Das Fleisch, das Ingwerpulver, die Tomaten, den Knoblauch, die Zwiebeln und den Kohl mit der Créme fraîche in einen Topf geben. 2 Tassen Wasser und die Butter dazugeben.
2. Alles zusammen bei milder Hitze kochen lassen. Wenn das Wasser verdampft und das Fleisch gegart ist, den Zitronensaft mit dem Currypulver mischen, dazugeben und weitere 10 Minuten köcheln lassen, danach salzen.
(auf dem Foto oben: links)

Kalbfleisch aus Monfalcone

Für 4 Personen
Zubereitungszeit: ca. 1 Std.
ca. 2 160 kcal/9 040 kJ

500 g Kalbfleisch, in Würfeln
2 Schalotten, klein gehackt
4 Knoblauchzehen, in Scheiben
100 g Butter
1 Glas Weißwein
100 g Reis
500 g grüne Erbsen
1 Bund Petersilie, gehackt
Salz
Pfeffer

1. Das Fleisch mit den Schalotten und dem Knoblauch in der Hälfte der Butter anbraten, dann mit dem Weißwein ablöschen und verdampfen lassen.
2. Die restliche Butter erhitzen, den Reis darin andünsten, Wasser angießen und den Reis 5 Minuten garen.
3. Die Erbsen in etwas Butter dünsten. Danach mit dem Reis zum Fleisch geben. Immer so viel Wasser angießen, wie der Reis aufnimmt. Zum Schluß sollte alle Flüssigkeit aufgesogen oder verdampft sein. Mit Petersilie bestreuen, salzen und pfeffern.
(auf dem Foto: unten)

Lammfleisch nach Hirtenart

Für 6 Personen
Zubereitungszeit: ca. 90 Min.
ca. 3 520 kcal/14 730 kJ

¾ kg Lammkeule, in Würfeln
Salz
schwarzer Pfeffer
100 g durchwachsener Speck, in Würfeln
1 Tasse Sonnenblumenöl
2 Glas Rotwein
8 Knoblauchzehen, zerdrückt
1 TL gemahlener Kümmel
4 Salbeiblätter, fein geschnitten
1 EL roter, scharfer Paprika

1. Das Fleisch salzen und mit dem Speck im heißen Öl von allen Seiten braten.
2. Den Wein mit den Knoblauchzehen, dem Kümmel und dem Salbei verrühren. Das Fleisch mit dem Paprika bestreuen und mit dem Wein ablöschen. Den Topf abdekken und das Fleisch bei leichter Hitze gar schmoren.
(auf dem Foto: oben)

Lamm am Spiess

Für 4 Personen
Zubereitungszeit: ca. 30 Min.
(ohne Marinierzeit)
ca. 1 850 kcal/7 740 kJ

2 Zwiebeln, fein gehackt
8 Knoblauchzehen, zerdrückt
4 EL Olivenöl
2 EL Rotweinessig
Salz
weißer Pfeffer
4 Zweiglein Thymian, gehackt
Cayennepfeffer
2 Lorbeerblätter
4 Fleischtomaten, in Stücken
2 rote Paprikaschoten, in Stücken
600 g Lammfleisch, in Würfeln
1 Becher Joghurt

1. Die Zwiebeln, den Knoblauch, das Olivenöl und den Essig, Salz, Pfeffer, Thymian, Cayennepfeffer und Lorbeerblätter mit dem Lammfleisch mischen und dieses 5–6 Stunden marinieren lassen.
2. Nun abwechselnd Lamm-, Tomaten- und Paprikastücke auf Metallspieße stecken und gut 5 Minuten grillen.
3. Die Marinade ohne Lorbeerblätter, mit Joghurt verrührt, als Dip verwenden.
(auf dem Foto: oben)

Lammkeule mit Knoblauch

Für 6 Personen
Zubereitungszeit: ca. 1½ Std.
ca. 3 350 kcal/14 020 kJ

1 kg Lammkeule
15 Knoblauchzehen, halbiert
Salz
weißer Pfeffer
1 EL Butter
3 EL Balsamico-Essig
100 g Möhren, in dünnen Scheiben
100 g Perlzwiebeln
1 Tasse grüne Erbsen
300 g Créme fraîche
3 Eigelb
Saft von ½ Zitrone

1. Die Lammkeule mit den halbierten Knoblauchzehen spicken, dann mit Salz und Pfeffer einreiben. Das so behandelte Fleisch in Butter anbraten.
2. Einen Topf mit Wasser aufsetzen, den Essig dazugeben. Wenn das Wasser kocht, die Keule dazugeben, 45 Minuten kochen lassen.
3. Dann die Möhren, die Zwiebeln und die Erbsen dazugeben. Sind diese Gemüse gegart, dann die Brühe durch ein Sieb in einen anderen Topf abgießen und mit der Créme fraîche mischen, 5 Minuten bei milder Hitze kochen lassen. Danach die Eigelbe und den Zitronensaft dazurühren, nicht mehr kochen lassen.
4. Die Lammkeule auf eine feuerfeste, flache Schüssel legen, die Gemüse darum herum anordnen, die Sauce darübergießen.
(auf dem Foto: unten)

Feinschmecker-Tip

Balsamico-Essig ist ein milder Essig aus Italien, der mehrere Jahre lang in Holzfässern reift. Zugegeben, er ist etwas teurer als der normale Weinessig, er gibt Ihrer Sauce jedoch einen so pikanten Geschmack, daß Sie nicht darauf verzichten sollten.

Gebeizte Lammkeule

Für 6 Personen
Zubereitungszeit: ca. 60 Min.
(ohne Marinierzeit)
ca. 4 720 kcal/19 730 kJ

1 kg Lammkeule
100 g geräucherter Schinkenspeck, in Streifen
50 g Schmalz
1 Tasse Créme fraîche
Salz
Pfeffer

Beize:
Rotwein
3 EL Rotweinessig
8 Knoblauchzehen, zerdrückt
1 Tasse Sonnenblumenöl
20 Pfefferkörner, weiß
2 Lorbeerblätter
Saft von 1 Zitrone
15 Salbeiblätter, klein geschnitten
1 Bund Petersilie, fein gehackt

1. Die Lammkeule 48 Stunden in der Beize liegen lassen, dann herausnehmen und abtrocknen. Dann mit Schinkenspeck spicken.
2. Das Schmalz erhitzen und die Lammkeule von allen Seiten scharf anbraten, mit der Beize ablöschen, die Kasserolle in den Backofen geben und die Keule bei 230° C ca. 30 Minuten weitergaren, ab und zu mit der Beize übergießen. Wenn der Braten fast fertig ist, Créme fraîche darübergießen.
(auf dem Foto: oben)

Lammpilaw aus Nisch

Für 4 Personen
Zubereitungszeit: ca. 45 Min. (ohne Marinierzeit)
ca. 2 200 kcal/9 210 kJ

½ kg Lammfleisch, in Würfeln
½ Tasse Rotweinessig
½ Tasse Olivenöl
3 Schalotten, fein geschnitten
6 Knoblauchzehen, zerdrückt
1 Brühwürfel
1 EL Paprika edelsüß
Pfeffer
etwas Curry
½ kg Tomaten, enthäutet und zerdrückt
3 gelbe Paprikaschoten, in kleinen Stücken
125 g Reis
Salz

1. Das Fleisch eine halbe Stunde in Essig legen. Das Öl erhitzen, das trockengetupfte Fleisch darin anbraten, dann die Schalotten und den Knoblauch dazugeben und andünsten.

2. Den Brühwürfel in heißem Wasser auflösen und zum Fleisch geben, mit Paprika, Pfeffer und Curry würzen. Die Tomaten, die Paprikaschoten und den Reis hinzugeben. Mit Wasser aufgießen und zugedeckt schmoren lassen, bis alles gegart und die Flüssigkeit verdampft ist, eventuell nachsalzen.

(auf dem Foto: unten)

Hähnchen mit Walnüssen aus Malkara

Für 4 Personen
Zubereitungszeit: ca. 2 Std.
ca. 2 850 kcal/11 920 kJ

1 Hähnchen
Hühnerbrühe
200 g Walnüsse
8 Knoblauchzehen
4–5 Scheiben Weißbrot oder Brötchen
1 Bund Petersilie, gehackt
1 Bund Basilikum, gehackt
1 EL Paprika edelsüß
Salz
weißer Pfeffer
2 EL Nußöl
einige Petersilie- und Basilikumblätter

1. Das Hähnchen in Brühe gar kochen. Dann aus der Brühe nehmen, abkühlen lassen, das Fleisch von den Knochen lösen und in Würfel schneiden.
2. Die Walnüsse aus den Schalen nehmen, in kochendes Wasser werfen, herausnehmen und von der inneren Haut befreien. Dann mit dem Knoblauch im Mörser zerdrücken.
3. Das Brot in der Hühnerbrühe einweichen, ausdrükken und mit dem gewürfelten Fleisch und den zerdrückten Walnüssen und Knoblauchzehen vermengen. Die gehackten Kräuter und das Paprikapulver untermischen, salzen und pfeffern.
4. Die Masse in eine mit Nußöl ausgestrichene Tonschüssel geben, die Oberfläche der Mischung ebenfalls mit Nußöl beträufeln.
5. Dann die Masse nochmals 20 Minuten bei mittlerer Hitze in den Backofen geben und vor dem Servieren mit zerpflückter Petersilie und ganzen Basilikumblättern garnieren.
(auf dem Foto oben)

Feinschmecker-Tip

Nach Belieben eine Sahne-Kräuter-Sauce dazureichen. Das Gericht schmeckt auch sehr gut kalt. Es braucht dann nicht im Backofen erhitzt zu werden, sondern es muß 2 Stunden vor dem Servieren im Kühlschrank kaltgestellt werden.

Entencurry aus Indien

Für 4 Personen
Zubereitungszeit: ca. 75 Min.
ca. 4 330 kcal/18 115 kJ

1 Ente (2–2½ kg)
1 kleine Msp. Safran
1 EL Curry
4 EL Créme fraîche
Salz, 2 EL Öl
4 Zwiebeln, fein gehackt
12 Knoblauchzehen, zerdrückt
1 Stück Ingwerwurzel, gehackt
2 Lorbeerblätter
2 Peperonischoten, gehackt
2 EL Kokosflocken
2 dicke Zwiebeln, in Scheiben

1. Die Ente in Stücke schneiden und das Fett entfernen. Das Öl in einer Kasserolle erhitzen und die Entenstücke darin gut anbraten.
2. Die feingehackten Zwiebeln und den Knoblauch dazugeben, gut anbraten. Dann den Safran, den Curry, den Ingwer, die Lorbeerblätter und die Peperonischoten dazugeben und ¼ Stunde lang rundum gut bräunen.
3. Drei Tassen kochendes Wasser dazugeben, den Topf abdecken und 20 Minuten kochen lassen. Die Créme fraîche und die Kokosflocken dazurühren und ohne Deckel weiterkochen lassen, dabei die Ententeile mit dem Sud ab und zu begießen. Nach 25 Minuten die Zwiebelscheiben dazugeben und nochmals ¼ Stunde garen.
(auf dem Foto unten)

FISCH

Niemand braucht zu befürchten, daß Fisch und Muscheln ihren Eigengeschmack durch Knoblauch verlieren. Im Gegenteil, der Kabeljau wird zum Leckerbissen, der Karpfen bekommt ungeahnte „Obertöne“ und Sardinen und Muscheln sind ohne Knoblauch nahezu undenkbar.

(Kabeljau mit Muscheln, Rezept S. 58)

Kabeljau mit Muscheln

Für 4 Personen
Zubereitungszeit: ca. 40 Min.
ca. 1 680 kcal/7 030 kJ

8 Kabeljaufilets (800–1000 g)
Zitronensaft
Salz
½ Tasse Olivenöl
5 EL Mehl
½ kg Muscheln
6 Knoblauchzehen, zerdrückt
2 Stangen Porree, in feinen Streifen
weiße Pfefferkörner
1 Bund Petersilie, gehackt
Weißwein
weißer Pfeffer

1. Die Filets säubern, säuern und salzen, in Mehl wenden und im heißen Öl braten.
2. Die gut gewaschenen Muscheln in einem Sud aus Wasser, Knoblauchzehen, Porree, Pfefferkörnern, Petersilie und einem guten Schuß Weißwein so lange kochen, bis sich die Schalen öffnen.
3. Das Muschelfleisch aus den geöffneten Schalen nehmen und auf einem Küchentuch oder Sieb abtrocknen. Den Porree und die Petersilie aus dem Muschelwasser nehmen, mit dem Muschelfleisch vermischen, mit Salz und Pfeffer abschmecken und über die Filets geben.
(auf dem Foto S. 56)

Gefüllte Sardinen aus Huelva

Für 6 Personen
Zubereitungszeit: ca. 30 Min.
ca. 1 820 kcal/7 620 kJ

1 kg Sardinen
1 Zwiebel, fein gehackt
4 Knoblauchzehen, zerdrückt
½ Tasse Olivenöl
Salz
weißer Pfeffer
Semmelbrösel
4 Tomaten, enthäutet und zerdrückt
5 Salbeiblätter, fein geschnitten

1. Die Sardinen ausnehmen, den Kopf entfernen. Zwiebel und Knoblauch mit etwas Öl, Salz, Pfeffer und Semmelbröseln mischen, so daß ein dicker Brei entsteht, der in der Pfanne goldgelb gedünstet wird. Danach die Fische damit füllen.
2. Olivenöl erhitzen und die Fische darin braten, herausnehmen und warm stellen. Die Tomaten und die Salbeiblätter in die Pfanne geben, etwas Weißwein angießen und die Flüssigkeit eindampfen lassen.
(auf dem Foto: unten)

Seelachs aus dem Golf von Almeria

Für 4 Personen
Zubereitungszeit: ca. 40 Min.
(ohne Marinierzeit)
ca. 2 760 kcal/11 550 kJ

1½ Tassen Olivenöl
Saft von 1 Zitrone
1 Zwiebel, fein gehackt
5 Knoblauchzehen, in Scheiben
1 Bund Petersilie, fein gehackt
Salz
weißer Pfeffer
8 Seelachsfilets (800–1000 g)
Olivenöl

Sauce:
3 Eier, hart gekocht und
2 EL scharfer Senf
½ Tasse Olivenöl
1 Tasse Fleischbrühe
etwas Essig

1. Öl, Zitronensaft, Zwiebel, Knoblauchzehen, Petersilie, Salz und Pfeffer mischen und die Filets darin 2 Stunden einlegen.
2. Danach die Filets auf beiden Seiten im heißen Öl braten und mit der Marinade ablöschen, danach die Flüssigkeit eindampfen lassen.
3. Das Eiweiß feinhacken, die Dotter zerdrücken und mit Senf, Öl und der Fleischbrühe zu einem Brei verrühren, dann mit dem Essig abschmecken, salzen und pfeffern.
(auf dem Foto: oben)

Fischfilets à la Trafalgar

Für 4 Personen
Zubereitungszeit: ca. 30 Min.
ca. 3 280 kcal/13 720 kJ

8 kleine Fischfilets (Schollenfilets)
Salz
weißer Pfeffer
Mehl
1 Tasse Öl
5 Knoblauchzehen, in Scheiben
1 Bund Petersilie, klein gehackt
8 Salbeiblätter, fein geschnitten
1 Eigelb
1 TL Senf

1. Die Fischfilets salzen, pfeffern, in Mehl wenden und im heißen Olivenöl von beiden Seiten braten, dann auf einer Platte warm stellen. Das Bratfett weggießen.
2. Den Knoblauch, die Petersilie und die Salbeiblätter in etwas Olivenöl dünsten, mit etwas Wasser ablöschen, mit dem Eigelb und etwas Senf verrühren und diese Sauce über die Fischfilets geben.
(auf dem Foto: oben)

Fisch aus Plewenn

Für 4 Personen
Zubereitungszeit: ca. 30 Min.
ca. 1 610 kcal/6 740 kJ

1 kg Goldbarschfilet
Saft von 1 Zitrone
Salz
Öl
½ kg Zwiebeln, fein gehackt
6 Knoblauchzehen, fein gehackt
1 TL Zucker
2 EL Paprika edelsüß
2 EL Tomatenmark
Pfeffer
1 Zitrone in Scheiben

1. Das Fischfilet mit Zitronensaft beträufeln, salzen, trockentupfen und im heißen Öl von beiden Seiten braten, danach warm stellen.
2. Zwiebeln und Knoblauch in die Pfanne geben und bräunen, dann den Zucker, den Paprika, das Tomatenmark und etwas Pfeffer mit wenig Wasser verrühren, den Inhalt der Pfanne damit ablöschen und alles gut verrühren. Die Sauce mit dem Fisch auf einem Teller anrichten, mit Zitronenscheiben garnieren.
(auf dem Foto: rechts)

Gebackenes Fischcurry

Für 4 Personen
Zubereitungszeit: ca. 40 Min.
ca. 1 910 kcal/7 995 kJ

¼ Tasse Öl
1 kg Fischfilet (Heilbutt)
4 Knoblauchzehen, in Scheiben
5 Scheiben Ingwerwurzel
1 kleines Stück Ingwerwurzel, gerieben
4 Knoblauchzehen, zerdrückt
1 EL Worchestersauce
1 EL Senfpulver
1 TL Curry, 1 EL Zitronensaft
1 Becher Créme fraîche
2 Eigelb
250 g Tomaten
Salz

1. Das Öl erhitzen, das gewürfelte Fischfilet darin von allen Seiten braten, herausnehmen und warm stellen.
2. Die Knoblauchscheiben und die Ingwerscheiben in die Pfanne geben und anrösten. Den geriebenen Ingwer und die zerdrückten Knoblauchzehen mit der Worcestersauce mischen, mit etwas Wasser verrühren und in die Pfanne geben.
3. Das Senfpulver, den Curry und den Zitronensaft mischen, dazugeben und 5 Minuten köcheln lassen. Die Créme fraîche mit den Eigelben verrühren und unter die Sauce ziehen.
4. Die Tomaten mit sehr wenig Wasser zerkochen lassen und durch ein Sieb streichen, salzen. Das Tomatenpüree mit der Currysauce mischen.

FALKEN-FEINSCHMECKER

Jeder Band DM 9,80
durchgehend farbig

Der Spezialist für nützliche Bücher

FALKEN

REZEPTVERZEICHNIS

Abkürzungen:
EL = Eßlöffel
Msp. = Messerspitze
TL = Teelöffel

Temperaturstufen:
Die Angaben in diesem Buch beziehen sich auf Elektrobacköfen.

Elektrobackofen	Gasherd
150 °C/160 °C	Stufe 1
175 °C/180 °C	Stufe 2
200 °C	Stufe 3
220 °C/225 °C	Stufe 4
240 °C	Stufe 5
250 °C	Stufe 6

Bei einem Heißluftherd sind niedrigere Wärmegrade als beim Elektrobackofen ausreichend; es sei dazu auf die Bedienungsanleitung des Gerätes verwiesen.

„FALKEN Feinschmecker" ist eine exquisite Kochbuchreihe, deren Bände immer einem besonderen Thema gewidmet sind. So kommt jeder Genießer auf seine Kosten. Fragen Sie Ihren Buchhändler!

ISBN 3 8068 0867 8

Titelbild: Michael Wissing und Partner, Elzach-Katzenmoos
Fotos: Archiv für Kunst und Geschichte, Berlin: S. 6/7; IFA-Bilderteam, Wolfgang Schmidt, München: S. 10/11; Friedrich Jantzen, Arolsen: S. 4; Michael Wissing und Partner, Elzach-Katzenmoos: alle restlichen Fotos
Rezept „Knoblauch-Pilz-Gemüse" S. 38: Maurice Kirsch, Elzach-Katzenmoos

Gesamtproduktion: Falken-Verlag GmbH,
D-6272 Niedernhausen/Ts.

817 2635 4453 62